Anna & Joey

von Dennis Franzen

Vielen Dank an die treue Leserschaft, aber auch an persönliche Freunde und meine Familie

Impressum:

Bibliografische Information der Deutschen
Nationalbibliothek: Die Deutsche
Nationalbibliothek verzeichnet diese
Publikation in der Deutschen
Nationalbibliografie; detaillierte
bibliografische Daten sind über das Internet
über dnb.dnb.de abrufbar.

Herstellung und Verlag: BoD – Books on
Demand, Norderstedt

ISBN: 9783756235407

1

"Kaum bin ich hier, schon fängt es zu regnen an.", lacht Joey mit Regentropfen im Gesicht. Er hält seine Hand über das Gesicht. Andreas klopft ihm auf die Schulter.

"Wir können da vorne hingehen.", er zeigt auf das verschwommene Bild des Theaters Am Horizont türmen sich Wolken. Tiefblau liegen die Berge von ihnen in der Luft. Es gewittert. Am anderen Ende der Stadt blitzt es gelegentlich.

Die blauen Augen von Andreas sind auf den Boden vor der Kuppel gerichtet. Dort plätschert das Wasser auf und ab. Es fließt anschließend auf das Dach des Theaters. Dort sickert es ins nirgendwo.

In der Stadt öffnen die Kneipen und Clubs. Es ist Sommer. Auch wenn es regnet, stürmen die Leute herein. Es erklingt bereits die erste Musik aus der Nähe. Etwas klassisches. Von Rosetti oder so. Es vermischt sich mit den Regentropfen. Fällt mit ihnen zu Boden und zerspringt im knappen Sonnenschein.

"Heute ist der Todestag von Albert Schweitzer.", meint der eine. "Heute? Am 4. September.", Andreas schaut ungläubig. "Woher weißt Du das. Du weißt es doch sonst nicht.", "Doch, ich weiß viel.". Andreas blickt zu Joey. Die Gruppe ist im Alter von knapp 18.

"Albert Schweitzer. Albert Camus. Theo Albrecht.", Joey denkt nach. "Wir müssen noch einkaufen gehen. Ich kann heute nicht so lange. Morgen ist Schule.", "Ja.", Andreas nickt. Ron schaut sich um. "Es regnet nicht mehr.", "Zumindest nicht mehr so dolle.", sie lachen. "Wie schön.".

Wenig später macht sich die kleine Gruppe auf den Weg zu Aldi. Dort wollen sie etwas zu essen und ein paar Bier kaufen. Es ist irgendwann Anfang der 2000er Jahre. Aldi ist ein erfolgreiches Lebensmittelgeschäft. Die Clique ist eine Gruppe von jungen Linken. Die sah man damals öfter.

Sie kommen an. Ron: "Wie wärs mit alkoholfrei?", "Joey: "Ich will nur eins.", Andreas: "Nein...", "Albert: Ja.", "Albrecht: 6 Stück für knapp 2 Euro.", Joey: "Pfand.", sie nehmen das Bier und einmal gegarte Sparerips mit. "Taschentücher hast Du?", fragt Joey. Ron: "Ja!", sie bezahlen: 10€ und gehen.

Sie entscheiden sich, bei Andreas zu schlafen. Der hat bereits eine eigene Wohnung in der Innenstadt. Am Abend regnet es wieder heftig. Der Sommer geht langsam zu Ende. Aber es ist noch heiß. Das Grau des Himmels weicht dem Blau der Nacht. Der Mond liegt in der Finsternis. In der Wohnung gibt es zwei Matratzen und ein Bett. Sie hocken zusammen. Ron experimentiert am Klavier.

Es wird Abend. Die Nacht liegt in der Luft. Durch den offenen Balkon strömt der Duft des Sommerregens herein. Es ist ein schöner Abend. "Andreas, wie geht's?", "Ja, gut.", Andreas und Ron stoßen an. Ron nimmt Joey beiseite. "Joey, Albert ist tot.", "Nein...", Joey weint. "Wie das?", "Suizid.", "Nein.", er weint.

Sie schlafen ein. Es wird Morgen. Sie gehen zur Schule. Dort sitzen sie im Unterricht. Joey hat gute Noten. Andreas und Ron sind auch gute Schüler. Sie sehen sich in der Pause. "Gehen wir später in den Wald, um uns an Albert zu erinnern?", fragt Joey, "Ja.", antworten sie beide.

Eine Mädelsclique kommt vorbei. Ein Mädchen mit hohen Absätzen geht zu Joey. "Alles klar?", "Ja.", "Alles klar.", sie lachen. Sie kennen sich seit der fünften. Eine gute Freundin von ihm.

"Was macht ihr heute?", "Wir gehen in den Wald.", "Warum.", "Erinnerungen...","Jemand ist?", Joey schluchzt: "Ja, ein Freund.", "Das tut uns leid.", "Ja, danke.".

Sie treffen sich nach der Schule am Theater. "Let's go.", "Ja", Joey und Andreas stimmen zu. - Wie schwärmten wir als Kinder von der weißen Rose. Albert war wie Hans. Wir haben ihn verloren. An das dunkle Ministerium, das uns das Leben zur Hölle gemacht hat. Er ist im Kampf gegen die Ohnmacht gegenüber den Nazis gefallen. - Joey erzählte.

"In stiller Trauer gehen wir in den Wald. Zu dem Ort, wo wir als Kinder spielten. Unsere Herzen sind schwarz. Unsere Liebe ist betrübt. Wir haben einen Freund verloren. Wenn es Gott gäbe, hätte er ihn gemocht. Wie konnte er nur sterben.", Ron,

"Weißt Du noch, als er Evan in eine Seitenstraße lotste, als die Nazis ihn töten wollten?", Joey, "Ja.", Andreas. "Albert war ein Held.", Andreas. "Die Nacht liegt in der Stadt. Tränen fallen von meinem Gesicht. Ein alter Freund wird für immer vermisst.", Joey. Sie waren jetzt im Bus.

Mit ihnen fuhren andere Schüler. Sie lachten viel. Die drei aber hatten ihre Gesichter zusammengesteckt. "Wir werden ihm gedenken. Für immer.", Joey läuft eine Träne vom Gesicht.

Im Wald angekommen holen sie ein altes Tagebuch hervor. "Weißt Du noch, als wir damals Musik machten. Da sind die Texte drin. Ich habe alles für eine Zeitkapsel dabei.", sagt Joey tränenerstickt. "Ja, ich einen Klappspaten.", Ron, "Einen von der Bundeswehr?", Andreas, "Nein, vom Gärtnereibetrieb.", Ron. Plötzlich Sirenen.

"Mein Gott, die Polizei.", Joey. Der Wagen hält direkt bei ihnen. "Meine Damen und Herren, was machen sie hier?", "Wir gedenken eines Freundes.", Joey, "Ich kenn euch Jungs. Handelt es sich um Albert?", Schockstarre. "Ja.", einstimmig. "Wir brauchen das Buch.", die Polizisten. Joey weinte. "Sie verstehen nicht...", "Doch.", die Polizisten. Tränenerstickt händigt er das Buch aus. Die anderen sind bleich vor Schock. Wie kann das sein? Warum jetzt auch noch das? Nach all der Trauer. Warum jetzt auch noch das.

Die Polizisten fuhren wieder los. "Weißt Du, warum?", "Nein", "Nein", die Gruppe war ratlos. "Wie konnten sie nur...", Andreas bricht in Tränen aus.

"Anna, es ist an der Zeit, er wartet draußen.", "Wer jetzt schon wieder?", "Teddy. Los geht's.", "Ja...", Tränen liefen ihr über die Wangen. Ihre Mutter tat es seit Jahren. Sie stellte ihr Männer vor. Sie ging mit ihnen aus. Irgendwohin. Man konnte es gar nicht genau sagen, was das alles war.

"Hallo Anna.", "Hallo...", "Gehen wir ins Kino?", er umarmt sie etwas zudringlich. "Ja. Klar.", sie stiegen in sein Auto. Am Ende des Tages hörte sich die Mutter die Geschichte an.

Annas Mutter, die eigentlich ihre Tante war, war all den Unsitten des Lebens und der Gesellschaft gegenüber sehr aufgeschlossen. Sie versuchte nicht selten Anna zu manipulieren und sie in irgendwelche Kreise zu bringen, deren Anwesenheit sie belustigte oder erfreute.

Wobei diese Tätigkeit mit einer gewissen Grausamkeit gegenüber Anna verbunden

war. "Wie war er?", fragte sie manchmal.
Oder: "Seht ihr euch wieder?". Sie verhörte
Anna regelrecht am nächsten Tag.

Manchmal waren auch Geschäftsfreunde
von ihr dabei. Anna ist innerlich am
Zerbrechen. Das alles geschah seit ihrem
15. Lebensjahr.

Sie sitzt den Abend über neben dem Mann
und sah eine witzige französische
Actiongeschichte im Provinzkino. Er dreht
sich manchmal zu ihm um. Sie wich ihm
aus. Aber er greift nach ihrer Brust und
zwischen ihre Beine. Sie beginnt heftig zu
atmen. Er küsst sie. Sie erwidert. Der Abend
verläuft wie so viele.

Teddy ist ein junger Soldat im Alter von
etwa dreißig Jahren. Er war etwas dicklich
und sprach kaum Deutsch. Sie gingen nach
dem Kino essen. Anna ist ziemlich durch
den Wind. "Dir hat es gefallen?", "Alles
gut.", "Wir können wieder...",

"Klar.", er bringt sie nachhause. Die Mutter
wartet bereits auf die beiden. Sie kennt
Teddy über seinen Vater. Sie verabschiedet
sich und Annas Mutter, die eigentlich

weniger ihre Mutter als eine Tante war,
hört Anna an. "War er gut?", "Bitte, lass
mich.", "Sag schon.", "Nein. Er war
schrecklich. Er ist ein schreckliches Monster
und dementsprechend über mich
hergefallen.",

"Anna...", "Lass mich einfach in Ruhe.",
"Was habt ihr gemacht?", "Lass mich
jetzt.", sie stürzt aus dem Raum. Ihre
Mutter zwang sie schon länger zu diesen
Dates, um sie danach zu verhören. Sie war
auch weniger ihre Mutter, als ihre Tante.

"Die verdammte Polizei.", Andreas flucht.
"Wir kommen nie wieder an die Sachen.",
Ron, "Wo wir auch hingehen, wir werden
verfolgt.", Joey. Sie wissen nicht weiter. Sie
fahren wieder in die Stadt. Dort treffen sie
Anton: Er ist gerade dabei, auf einer Bank
am Theater eine Cola zu trinken.

Neben ihm sitzt ein älteres Ehepaar. Sie
schauen ihn belustigt und fröhlich an. Er
hatte grüne Haare und einen Dreitagebart,
der noch nicht vollständig ausgewachsen

ist. Er trägt enge Jeans und Stiefel und hatte Hosenträger an. Oberkörper frei.

"Was treibst Du, Anton?", Joey, "Nichts. Wie immer.", Anton, "Wohin des Weges?", Joey, "Suche nen Schlafplatz. "Du auch?", "Nein.", "Hast Dus schon gehört? Anna ist missbraucht worden.", Anton, "Warte mal... wie bitte?", Joey, "Ihre Mutter zwingt sie zu Dates. Mit irgendwelchen Typen, die sie kennt.", Anton.

Joey bekommt ein flaues Gefühl im Magen. "Kann man ihr helfen?", Joey hat Tränen in den Augen. Anna war ihm vertraut. Sie kennen sich seit der fünften Klasse. "Was kann man da machen?", Anton nimmt einen Schluck von seiner Cola. "Was nur?", Joey ist verzweifelt. Anna und Joey sehen sich zuletzt an dem Abend zuvor.

Dort sitzen sie gemeinsam im Bus und fahren gemeinsam in die Stadt. Es ist eine ruhige halbe Stunde. Sie sitzen sich gegenüber. Sie spielt mit ihrem Handy und Joey sieht sie dabei an. Nun ist er vollkommen verzweifelt. Er musste es schließlich ahnen oder so. Er übersieht alles, was so wichtig ist. Er ist auch etwas verliebt in sie und plant, sie zu retten.

Irgendwie wird er es hinkriegen. Er kennt ihre Mutter. Sie ist eher ihre Tante. Ein böses Weib. Mit einem bösen Herzen und einer bösen Seele. Wie er jetzt bemerkt. "Warum macht die Mutter das mit ihr?", Joey, "Sie verhört sie nach den Dates, Joey.", Anton, "Warum?", Joey,

"Machtgier, Joey, Machtgier. Nieder mit den Autoritäten.", Anton steigtstieg auf die Bank und ruft immer wieder: "Nieder mit ihnen. Nieder mit ihnen.".

Joey ist verzweifelt. Anna ist ihm schon immer ähnlich. Von allem her. Wie eine kleine Schwester. Oder Halbschwester. Und dann auch noch die Sache mit der Polizei und Alberts Tod. Er ist kaum noch Herr seiner selbst.

"Ich flipp aus, wenn das so weiter geht.", Andreas schüttelt sich, "Wo sind wir nur gelandet? In einer Klinik für psychische Leiden? Man könnte es fast meinen. So schlecht wie es den Leuten geht.

Und Albert ist tot. Anton, hörst Du?", "Ja.", Anton setzt sich wieder. Den Rest des Tages verbringen sie damit, durch die Stadt zu ziehen und in Schaufenstern ihre Spiegelbilder zu sehen.

"Jetzt ist das Buch weg.", Joey, "Die verdammten Nazis.", Anton. Sie laufen zu dem großen Brunnen in der Innenstadt und setzen sich. Die Sonne geht gerade unter.

Es ist Abend. Anna ist wohl alleine. Am nächsten Tag in der Schule erzählt Frau Lachner von den 80er Jahren. Als sie in Westberlin mit anderen ein Haus besetzt.

"No future. Wir wollten alles jetzt.", die Klasse hört gebannt zu, als sie Fotos zeigt. Wie sie in einer kleinen Karre durch Berlin fährt. Oder ein anderes, als sie in einer unbeheizten Wohnung zusammengekuschelt sitzen. Sie ist Kunstlehrerin. Joey ist fasziniert. "Das wollte ich auch immer.", "Oder wie die Geschwister Scholl gegen das Regime demonstrieren.", Andreas, "Ja, Hans.", Joey, sie zeichneten Bilder von Demonstrationen gegen den Atomkrieg.

Es war eine fabelhafte Lehrstunde. Frau Lachner kennt sich gut aus. Sie erzählte auch, wie es ist, als es irgendwann zu Ende ist mit Westberlin: "Die Mauer fiel und es war zu Ende.", so endet also dieses famose Lebenskapitel, meint Joey über die Sache.

Sie sitzen nach der Schule noch einige Zeit zusammen. "Krass, oder?", Andreas, "Ja.", Joey, es ist ihnen ein Rätsel, wie die Zeit sich damals anfühlt. Aber irgendwie sind sie fasziniert. Sie meinen, dass sie es als junge Erwachsene den Leuten gleichtun wollen, die in Westberlin lebten und Häuser besetzen.

Bis dahin wollen sie gegen die Nazis demonstrieren und weiterschreiben und Musik machen. Der Sommer ist bald zu Ende. Dann kommen die Herbstgewitter und man kann nicht mehr so ungestört draußen sitzen. Sie entscheiden sich, noch ins Schwimmbad zu gehen.

Dort sehen sie auch Frau Lachner. Sie ist mit ihren beiden Kindern dort. Ein Sohn und eine Tochter. Sie setzen sich in eine

Ecke abseits der Menschenmassen und trinken ein paar Bier und Orangensaft.

Es ist ein schöner Tag. Der Regen von gestern und den letzten Tagen ist in Vergessenheit geraten. Anton kommt auch noch dazu. Er hat sich per Handy angekündigt. "Ja?", "Wo seid ihr?", Anton, "Im Schwimmbad. An unserem Platz.

 Kommst Du vorbei?", Joey und Andreas in den Lautsprecher. "Ja.", Anton. Er kommt an. "Hallöchen.", Anton. "Hallo Anton.", Andreas, "Hi.", Joey. Die philosophieren etwas über den Krieg.

Das alles war Ende der dreißiger Jahre. Die goldenen Zwanziger sind vorbei. Die Leute in Deutschland sehnen sich nach neuen Träumen. Nach großen Erfolgen und vor allem nach Geld. Der verdammte Kapitalismus. Sie sind verzweifelt, weil das Kaiserreich zerbrochen ist. Sie wollen etwas ewiges. Der Antisemitismus herrscht vor. Da taucht der Teufel Hitler auf und will alles regeln. Bis alles kaputt ist. Und etliche Menschen tot. Kriegsverbrechen begangen. Die Welt im Krieg ist und Deutschland zu großen Teilen zerstört ist. "Ich stehe eher auf Westberlin.", Joey, "Ich auch.", Anton.

2

"Wo ist er nur?", Anna sucht die Fotos ihrer Mutter durch. "Ich muss ihn finden, bevor sie da ist.", sie blättert in dem Karton und findet selbst kaum Fotos von sich als Baby. "Irgendwo ist er.", plötzlich hat sie ein vielsagendes in der Hand, "Ist das ein Verwandter?", sie legt es beiseite. Es zeigt einen jungen Mann, der Joey so ähnlichsieht.

Wenig später ruft sie Joey an. Sie schaut vorbei. "Hi!", "Hey.", Anna nimmt ihn in den Arm. "Ich habe überall nach Dir gesucht.", Anna, "Was ist nur los?", "Joey.", "Ich habe da ein Bild. Sagt Dir der Mann was?", Anna, sie zeigt ihm das Foto.

"Ja. Er sieht aus wie mein Vater. Der Mann mit der Hornbrille und dem Hemd.", Joey,

"Ja.", Anna wirkt aufgelöst. Sie fragen sich, was es damit auf sich hat. "Was ist da nur los?", Joey, "Er könnte mein Vater sein, Joey.", Anna, "Aber dann kann er doch nicht meiner sein.", Joey, "Er ist verschwunden. Schon lange, Anna.", Joey, "Was, wenn doch?", Anna.

Anna und Joey sind ratlos. Sie liegen sich in den Armen und lesen in einer Zeitschrift von Annas Mutter, die aber nur eine Tante ist. "Was meinst Du? Wird das noch was?", Anna schaut Joey fragend an.

"Eventuell kenne ich da jemanden.", Joey. "Was war nur los die letzten Tage, Anna?", Joey. 17 Anna sah zur Seite. "Ja? Was soll los gewesen sein, Joey?", sie blickt ihn vielsagend an. "Ich meine, wir haben uns doch noch gar nicht gesprochen. Oder hast Du irgendwas gehört. Rück schon raus mit der Sprache, wenn da was gewesen sein sollte, Joey.", Anna blickt ihn betrübt an.

"Es ist alles okay, Joey.", ihre Augen füllen sich mit Tränen. "Joey, Joey, meine Mutter, sie zwingt mich.", sie schluckt, "Zu Dates mit Männern, die sie kennt.", sie weint.

"Mein Gott.", Joey legt seinen Arm um sie. "Wir müssen das irgendwie beenden.", er küsst ihre Stirn. "Ja.", sie wischte sich ein paar Tränen weg. Joeys Shirt ist schon ganz nass geworden. Er muss sie irgendwo unterbringen können und das so schnell wie möglich.

Ihre Mutter musste davon zwangsläufig erfahren. Anna ist bereits 17. Sie wurde bald 18. Dann kann sie ausziehen. Ob sie bei Andreas wohnen kann war die fraglich. Die Wohnung ist winzig. Aber er muss sie retten.

"Wir gehen kurz zu meiner Mutter.", Joey, "Okay.", Anna. Sie laufen die Treppe hinab und trafen Joeys Mutter. "Anna macht was durch, Mama.", Joey, "Was ist los?", fragt sie verständnisvoll. "Meine Mutter zwingt mich, Typen zu treffen.", Anna. "Okay.", Joeys Mutter nickte, "Dann werden wir Dich eine Weile aufnehmen. Ich regel alles mit dem Anwalt und spreche mit Deiner Mutter. "Danke.", Anna.

Joey und Anna laufen strahlend aus dem Wohnzimmer, wo sie die Mutter getroffen hat. Joey meint: "Wir rufen Andreas, Anton und Ron an und feiern diesen Sieg.", "Ja.", Anna. Annas Handy klingelt.

Ihre Mutter. "Ja?", "Ich übernachte bei Freunden.", "Ciao.", Anna wimmelt sie ab. Anton hat ein Sixpack Bier dabei. Sie setzen sich ins Zimmer und hörten Musik. Libertines. Andreas las ein wenig aus "Harro und Libertas" von Norman Ohler , sie sind in guter Stimmung.

"Wie gefällt Dir der Plan?", Joey, "Gut!.", Anna lachte. Sie ist in Sicherheit und kann jetzt eine Weile woanders sein und auf andere Gedanken kommen. Der Sommer war schön. Überall feierten und tanzten die Leute. Corona ist besiegt.

In der Ukraine herrscht Krieg. Manche tragen noch eine Maske. Die meisten haben sie abgelegt. Die jungen Leute sind in Feierlaune. Viele wollen ins Ausland. Irgendwas neues sehen. Dass alles so Schlag auf Schlag geht. Ausreiseverbote. Geschlossene Gaststätten. Maskenpflicht. Das alles ist ein Schock für viele.

Dass am Strand niemand mehr ist. Oder dass dort Polizeiwagen mit Lautsprechern fahren. Das ist auch so surreal. Jeder von ihnen erlebt das als bedrohlich. Ein paar Leute haben demonstriert. Aber sie verstehen nicht, um was es geht. Es geht darum, die Coronaerkrankungen einzudämmen. Aber irgendeine Sorge bezüglich des Krieges ist immer dabei gewesen.

Corona öffnet den Menschen die Augen für den einstigen Luxus. Joey, Anton, Anna und Andreas sitzen lange noch mit Masken im Unterricht. "Morgen wird schön.", Anna, "Wir können ein wenig Musik machen. "Ja.", Anton. Doch dann: "Wir müssen entkommen.", Joey flüstert zu Anna. "Wo sind wir in Sicherheit?", Anna sieht ihn an, "Irgendwo anders. Wir könnten auch versuchen, Deinen Vater zu finden.", Joey sieht sie prüfend an, "Ja.", Anna nickte.

Vorerst sind sie in Sicherheit vor Annas Mutter, die eigentlich ihre Tante ist und vor den Dates und all den Dingen, die Anna passiert sind. Joeys Mutter ist eine nette Frau, so Anna. Joey stimmte zu. Sie laufen eine Weile am Theaterplatz umher und sehen sich um.

Dann setzen sie sich auf eine Bank. "Wollen wir hier bleiben bis heute Abend?", Joey, "Ja.", Anna nickte. Der Schrecken steht ihr noch immer etwas ins Gesicht geschrieben. Erst als es zur Aussprache kommt, was ihre Mutter, die eigentlich ihre Tante ist, ihr antut, kommt alles in ihr hoch. Es köchelt förmlich nach oben. "Man Joey.", sie lehnt sich an seine Schulter, "Wo kann ich nur hin in dieser Welt. Wo ist unser Platz?", sie sieht auf die Stadt hinaus, die man von hier aus gut sehen kann. "Wir finden einen Ort.", antwortet Joey.

Anton und Ron kommen vorbei. "Wohin des Weges?", Joey, "Wir bleiben bei euch.", Anton. Anton war ein richtiger Draufgänger. Ron hingegen war ein verständnisvoller Typ, der immer ganz genau zuhörte. "Gut, dass ihr euch getroffen habt, Joey und Anna.", Anton, "Ich habe es auch von einem Bekannten erfahren.". Sie gedenken eine Weile Albert. Der jetzt tot war. "Weißt Du, ob wir das Tagebuch wieder bekommen?", Anton.

"np.", Joey. Sie vermissen Albert. Er ist eine gute Seele gewesen.

Hatte die Gruppe immer zusammengehalten und sie bestärkt in allem guten, was sie taten. Einmal war eine Gruppe von Nazis in der Stadt unterwegs und sie retteten einen jungen Asylbewerber, der von ihnen verfolgt wurde. Sie lenkten die Nazis ab und Andreas nahm den Asylbewerber mit zu sich nachhause. Dort erzählten sie eine Weile und es stellte sich heraus, dass sie sich bereits über ein paar Leute kannten.

Die Situation in der Ukraine hingegen machte ihnen allen Sorgen. Gerade weil im Krieg all das zusammenbricht, was vorher Kultur und Gesellschaft trägt. Sie haben in der Schule ein paar Texte über den Frieden verteilt. Eine Lehrerin ist richtig erbost darüber. "Das ist nicht euer Problem.", "Ja, ihres und das des Generals.", Joey.

Die Situation spitzt sich etwas zu. Die Inflation war auch schon im Gange. Joey und Anna gingen gemeinsam einkaufen. Sie kaufen Erdbeeren, Äpfel, Saft und eine

Flasche Wein. Morgen ist schulfrei, also haben sie den ganzen Abend für sich. Anna weint ab und zu.

Aber die anderen bemerken es kaum. In der Stadt schließlich treffen Anna und Joey auf Marc. Er war mal bei ihnen in der Schule. Er spürte Naziverbrecher auf. Berichtete davon. Sie sprechen kurz mit ihm.

"Hallo Marc.", Joey, "Wir suchen Annas Vater.". "Ich kann euch helfen.", Marc, er ist Privatdetektiv. Etwas ähnliches wie ein Headhunter. Er trägt ein graues Sakko und steht neben einem alten Sportwagen. "Warum sucht ihr ihn?", Marc, "Anna hat Probleme mit ihrer Mutter.", Joey, "Ja.", Anna, "Okay, Marc. "Habt ihr ein Foto und Anhaltspunkte?", "Ja.", Anna händigt ihm einen kleinen Ordner mit Unterlagen aus. "Es wird nicht allzu lange dauern.", Marc.

Sie verabschieden sich, er verspricht, sich telefonisch zu melden, dass sie ein Treffen vereinbaren konnten, wo sie die Infos bekommen werden. Marc fuhr los. "Gut.", Anna, "Ja.", Joey. Es ist nicht allzu lange her, dass Joey und die anderen mit Marc wegen einer anderen Sache gesprochen haben. Es ging damals um Albert. Er war verschwunden und sie suchten ihn überall.

Allgemein war es auch eine seltsame Zeit. Erst die Corona Pandemie und nun verschwanden Leute aus ihrem Umfeld. "Wir gehen am besten zu Dir.", Anna, "Okay, gerne.", Joey. Angekommen, bleiben sie eine Weile und lesen in "Harro und Libertas", von Norman Ohler und kommen sich langsam richtig erwachsen vor. Sie verbringen viel Zeit mit der Musik und gegen Abend gehen sie runter und essen mit Joeys Mutter. Sie ist eine gute Köchin, findet Anna, Joey sagt aber nichts.

An und für sich ist es ziemlich gut gelaufen. Sie haben jetzt Aussichten Annas Vater zu finden und Anna ist in Sicherheit vor den Freunden ihrer Mutter. Sie erzählen etwas am Esstisch. "Mama, warst Du mal in Westberlin.", Joey, "Tatsächlich ja.", seine Mutter Tanja. "Wie war es?", Anna, "Es war recht spannend. Ich war einen ganzen Sommer dort und habe Freunde besucht.",

"War es interessant?", Joey, "Unsere Kunstlehrerin berichtete.", Joey. Gegen Abend, nachdem sie die Fotos von Joeys Mutter durchgeschaut haben und den Mann, der Joeys Vater war, immer wieder gesehen haben, die Ähnlichkeit zu Annas Vater immer wieder bemerkt haben, gehen sie schlafen. Anna kommt im Gästezimmer neben Joeys unter.

Ein paar Tage später sind sie in Berlin. Anna und Joey haben sich ein Zimmer genommen. Es ist das verlängerte Wochenende um den Tag der Deutschen Einheit. Sie sind gut gelaunt. "Irgendwie cool hier.", Anna, "Ja.", Joey. Sie gehen eine Weile in der Sonnenallee spazieren.

"Kennst Du den Film?", Anna, "Ja. Mega.", Joey. "Wir sollten herziehen.", Anna, "Ja.", Joey. Sie gehen ins Hotel zurück. Es ist bereits sehr kühl geworden. "Weißt Du noch Albert?", Anna, "Ja.", Joey, "Er hat sich im Hotel erhängt.", Anna, "Alles okay?", Joey, "Ich weiß nicht, Joey. Ich bin tot, habe ich das Gefühl.", Anna, "Echt?", Joey fragt besorgt nach. "Ja.", Anna, "Seit langer Zeit schon.". Am Abend gehen sie auf ein Konzert.

Der Sänger schreit ins Mikrofon. Es ist laut und schön. Sie verbringen den Abend 26 hauptsächlich in den ersten Reihen. Es ist ein kleines Konzert. Aber es ist ein gutes Konzert. Ein junger Mann tanzt derartig gut in der ersten Reihe, etliche Menschen beobachten ihn. Es ist ein schöner Abend. Das Konzert geht etwa zwei Stunden. Dann machen sie sich wieder auf den Weg nachhause.

"War schön, oder?", Anna und Joey gehen ins Hotel. Sie haben ein Doppelzimmer. Mehr war preislich nicht drin. Anna nimmt Joeys Hand. "Danke, Joey.", Anna, "Alles gut.", Joey. Sie kommen an einem kleinen Markt an und kaufen ein paar Getränke. "Kannst Du mir beim Ausziehen helfen?", Anna, "Klar.", Joey. Er öffnet ihren BH. Sie zieht sich ein Shirt über. Sie sitzen in Shirt und Unterwäsche auf dem Hotelbett. "War ein schöner Abend.", Anna, "Ja.", Joey.

3

Am nächsten Tag: "Das ist übrigens Pete.",
Joey. Sie stehen an einer Seitenstraße. Er
ist ein Musiker. Am ganzen Körper hatte er
Tätowierungen und einen Iro geschnitten.
Er trägt eine Lederjacke. Das traurige ist,
dass er auf Heroin ist.

"Hi Pete.", Anna, "Hallo, junge Dame.",
Pete. "Hallo Pete.", Joey begrüßt ihn per
Handschlag. Sie laufen eine Weile die
Sonnenallee herab, bis sie in Petes
Wohnung ankommen. Sie ist buchstäblich
ein Chaos. Aber sie hat ein paar
Sitzgelegenheiten. Pete macht Musik an.
Irgendwas lokales. Klingt aber gut.

"Wollt ihr auch?", er zeigt auf seinen Arm.
"Nein, Pete.", Anna und Joey im Chor. Sie
unterhalten sich eine Weile. "Schlimm, dass
Albert tot ist.", Pete. "Ja.", Joey. "Irgendwie
auch krass, was passiert ist. Keiner konnte
es ahnen.", "Ja.", Joey. "Wie gefällt euch
die Bude?", Pete, "Stylisch.", Anna. "Was
spritzt Du Dir eigentlich genau?", Anna. "Ich
lasse das im Labor prüfen.", Pete. Er ist

über die Musik recht wohlhabend geworden. Die Wohnung ist schön, dunkelblaue und weiße Wände, Fotos, Bilder. Ab und zu ein Plattenspieler und Soundsysteme.

Als sie gehen, bemerkt Anna, dass Geld fehlt. "Meinst Du wir haben es verloren?", Anna, "Nein.", Joey schüttelte den Kopf. Pete wird es genommen haben. "Ich hoffe er endet nicht wie Albert.", Joey. "Ja.", Anna. Sie steigen in die U-Bahn.

Marc meldete sich per Telefon: "Hallo, ich habe die Infos.", Marc, "Okay...", Joey, "Haltet euch fest. Er war Spion. Arbeitete für Russland. Wurde bei einem Nervengiftattentat vor etwa vier Jahren schwer verwundet und lebt seitdem in einem Hospital.", der Lautersprecher war an. "Okay.", Anna war etwas außer Atem. "Wir können uns treffen. Dann gebe ich euch die Informationen.", Marc, "Ja.", Anna und Joey im Chor. "Da gibt es jedoch noch etwas. Er hat vermutlich eine Beziehung zu Deiner und zu Joeys Mutter gehabt, bevor Deine starb und zur gleichen Zeit, als ihr gezeugt worden seid. Ihr könntet also

Halbgeschwister sein. Es ist sogar sehr wahrscheinlich.", Marc, "Okay.", Anna und Joey sahen sich tief in die Augen.

"Wir sprechen einfach, wenn ihr wieder da seid.", Marc, "Ja.", Anna und Joey im Chor. Sie legten auf. "Man.", Anna, "Ja.", Joey, sie waren etwas durcheinander. "Wir sind also wie Geschwister?", Anna verdrehte die Augen. "Ja.", Joey lachte kurz.

Sie verließen die U-Bahn und gingen zurück ins Hotel. "Wir sind echt Bruder und Schwester. Wie abgespaced.", Joey lachte auf dem Weg. "Ja.", Anna lachte mit ihm.

Sie kauften noch ein paar Bier und hörten den ganzen Abend Musik und tanzten im Zimmer umher und alberten rum. "Man ist es schön hier.", Anna, "Ja.", Joey. Es wurde Nacht. Mitten in der Nacht erwachte Joey.

Es regnete heftig draußen. Er ging auf den Balkon. Die Stadt war wunderschön zu dieser Zeit. All die Lichter und die Dunkelheit, die so viel verbarg und alles umgab. Es war unbeschreiblich schön. Anna wachte auf.

"Joey, was machst Du?", "Ich schaue in die Stadt.", "Echt?", sie kam zu ihm. "Es ist faszinierend, oder?", "Ja.", Anna. Sie blieben eine Weile stehen. "Sollen wir spazieren gehen?", Joey, "Ja.", Anna. Sie zogen sich etwas über, stiegen in den Aufzug und passierten den Eingangsbereich. Es wehte eine kühle Brise, es war eine schöne Nacht.

Ab und zu hörte man einen Motor dröhnen und eine Gruppe von Leuten in der Gegend herumlaufen. Ab und an wehte der Wind heftig durch das Haar oder die Stadt wurde riesig groß. Sie liefen eine Weile. "Was meinst Du?", "Weißt Du noch, das über Westberlin? Heute ist es anders.", Anna, "Ja.", Joey. Am nächsten Tag sind sie auf der Heimfahrt in der Bahn.

"War schön.", Anna, "Ja.", Joey, "Wir sind uns immer ähnlich gewesen, ich habe es nur nie verstanden.", Anna, sie nimmt Joeys Hand. "Ja.", Joey lacht. "Dass unser Vater ein Spion war ist ja faszinierend.", Anna, "Ja. Irgendwie abgespaced.", Joey. Sie albern eine Weile herum. "Ob Pete wohl nächstes Mal noch am Leben ist?",

Anna, "Ich hoffe auch. Die zehn Euro hat er mit Sicherheit genommen.", Joey. Sie sitzen in einem Abteil alleine. "Weißt Du, was ich Dir die ganze Zeit sagen wollte?", Anna, "Nein.", Joey schaut sie an. "Ich habe es irgendwie immer gewusst.", Anna, sie küsst ihn auf die Wange.

Der Westen ist im Krieg mit Russland. Für viele Menschen fühlt sich Corona wie ein riesiger Staatsstreicht an. Etliche Menschen sind in Angst, ob ein Krieg kommen wird. Sie laufen auf der Straße und demonstrierten. Corona hatte den Menschen Angst gemacht. Sie sehen, wie schnell alles anders als geplant werden kann. Die Gruppe um Joey wartet am Bahnhof auf Anna und ihn.

"Joey Schweitzer wird es schon schaffen.", Andreas, "Anna Scholl.", sie albern rum und trinken ein paar Bier und lassen Musik laufen. Es ist eine ausgelassene Stimmung. Sie feiern regelrecht, als sei nichts gewesen. Anna und Joey kommen an. "Wie wars?", Anton, "Könnte ich euch fragen.", Joey. Sie lachen eine Weile darüber und Andreas reicht ihnen ein Bier.

"Prost.", "Prosit.", sie lachen. Wie sie selten gelacht haben. "Was gibts neues?", Ron, "Wir sind Geschwister.", Anna, "Das wart ihr doch schon immer.", Anton lacht. "Ne, echt jetzt?", Anton, "Ja.", Joey. Sie schauen sich eine Weile das Wetter an und merken, dass sie zuhause sind. Die Musik läuft. Joey würde in ein paar Tagen eine eigene Wohnung bekommen.

Die Sonne scheint herbstlich auf die Bahnhofsgegend. "Gehen wir zum Theater?", Anton. "Ja.", Joey und die anderen im Chor. Sie machen sich auf den Weg. In anderen Ländern ist die Inflation nach Corona immens geworden. In vielen begannen rechte Parteien an die Macht zu kommen, die den wirtschaftlichen Aufschwung propagierten. Die Gruppe war in großer Sorge. Auch in Amerika gab es rechte Strömungen, die gefährlich waren.

Alles liegt zu Corona im Dornröschenschlaf. Langsam wachte alles wieder auf. Man kann sehen, wie dieses und jenes Prinzip der Menschen langsam wieder zu leben beginnt. Aber es wird von Tag zu Tag deutlicher, dass etwas passieren wird. Joey und Anna rechnen mit einem Staatsstreich.

Ein paar Wochen später wird Anna 18 Jahre alt. Sie zieht zu Joey, der sich ein paar Tage zuvor eine Wohnung genommen hat. Er ist bereits vor der Berlinreise 18 Jahre alt geworden. Sie albern herum. "Morgen gehen wir abends aber aus.", Anna, "Ja.", Joey.

Die Wohnung, in der sie leben, hat drei Zimmer und eine Dusche in der Küche und ein kleines Badezimmer. Beheizt wird sie mit einem kleinen Gasofen. "Was treiben die anderen?", Anna, "Anton ist verreist. Spanien oder so. Klassenfahrt. Andreas ist zuhause und hört Schmuserock und Ron ist bei seiner Freundin Eva. Sie verbringen in letzter Zeit viel Zeit zu zweit.", Joey, "Schwimmbad?", Anna, "Okay.", Joey. Sie packen ihre Schwimmsachen. Das städtische Hallenbad ist gerade um die Ecke. Sie haben fünf Gehminuten von der Haustür bis in den Eingangsbereich des schönen und großen Neubaus.

"Halt mal.", Anna gibt Joey ihre Tasche und kramt das Geld für den Eintritt heraus. Sie lacht. "Da ist mein Geldbeutel.", Anna, "Ja, okay, Du zahlst den Eintritt und ich später das Essen.", Joey lacht. "Ja.", Anna, "So machen wir es. Sie gehen in den Eingangsbereich und ziehen sich in einer Umkleide um. "Schön hier.", Anna, "Ja.", Joey. Wenig später sind sie im Eingangsbereich und laufen auf das große Becken mit nicht allzu tiefem Wasser zu. "Man. Ich war so lange nicht.", Anna geht ins Wasser. "Komm, Joey, es ist so geil.", Anna. Joey folgt ihr ins Wasser. Sie schwimmen in die Außenanlage. Draußen ist es richtig kühl geworden.

Mittlerweile haben wir November. Von dem verschwundenen Tagebuch haben sie nicht mehr viel gehört. Aber es hat sich einiges getan in der Gesellschaft. Eine rechte Partei ist an die Macht gekommen und die ganzen Faschos sehen sich bestätigt. Es ist ein Jammer, dass niemand den Wahlkampf damals boykottiert hat.

Den ganzen Sommer haben sie demonstriert. In der Schule Flyer verteilt und vor den Faschos gewarnt. Sie haben ein paar Freunde in Sicherheit gebracht, als die Faschos es auf sie abgesehen haben. Auch einen schwarzen Freund haben sie gerettet. Er war abends unterwegs. Da sind sie mit dem Ellenbogen angekommen und wollten ihn durch die Stadt jagen. In den Nachrichten wurde viel vom Krieg berichtet. Aber der Krieg ging an ihnen vorbei. Sie beachteten ihn kaum und bemerkten ihn nur selten. In Amerika hatte in dem Jahr zuvor ein Video großes Aufsehen erregt. Es zeigte die Ermordung von George Floyd durch Derek Chauvin. Der 36 Polizist hatte den großen schwarzen Mann auf offener Straße mit dem Knie erstickt, obwohl er flehte, locker zu lassen.

Am nächsten Tag meldet sich Marc per Telefon. "Anna, Joey, euer Vater wird morgen entlassen. Er will euch sehen. Ich habe mit ihm gesprochen.", Marc. "Okay, wo können wir ihn treffen?", Joey, "Ist er in Deutschland?", Anna, "Er meldet sich telefonisch an und kommt zu euch.", Marc. Es ist bereits irgendwas in Gange. Eventuell hat ihr Vater wichtige Informationen für die beiden. Das vermuten sie zumindest. Warum sonst sollte er sich plötzlich melden. Die Weltwirtschaftslage war ein Chaos momentan. Kaum zu überblicken. Man konnte kaum sagen, was als nächstes nach Corona kommen würde. "Wir gehen erstmal zu Anton.", Joey nahm Annas Hand. "Ja.", sie laufen aus der Wohnung, schließen sie zweimal ab und fuhren mit dem bespiegelten Fahrstuhl ins Erdgeschoss, wo sie aussteigen und das Haus verlassen.

Vor der Tür wartet der Mann, den sie nur von Fotos kannten. "Anna, Joey.", der Mann, "ich bins. Euer Vater. Es gibt etwas wichtiges zu wissen.", Anna und Joey sind schockiert. Der Mann, in einen dicken Anzug und einen Wintermantel gehüllt, wartet direkt vor der Tür. Er hatte Annas Augen und Joey Gesichtsform.

Sie besprechen das ganze bei einem Kaffee. Es stellt sich heraus, dass Russland einen Krieg gegen den Westen plant. Die drei verstanden sich gut. Er selbst habe in einer Klinik ein Nervenleiden auskuriert, das er seit einem Nervengiftattentat ausweist.

Joey und die anderen haben die letzten Tage damit verbracht, gegen Russland und den Krieg zu demonstrieren. Auch von den Amerikanern und ihren Bases europaweit sind sie nicht besonders angetan. Sie verbreiten sich mit jedem Krieg. Aus Afghanistan jedoch sind sie komplett abgezogen. Die Taliban betrachten sie als die modernen Nazis. Sie unterhalten sich ein paar Stunden. "Ihr müsst euch in Sicherheit bringen. Wir halten Kontakt.", Joeys und Annas Vater. "Ja.", Joey und Anna im Chor. Sie gingen in Joeys und Annas Wohnung und nehmen ihren Vater mit.

"Marc hat mir eure Kontaktdaten gegeben. Ich kenne ihn schon länger. Als er damals gegen die Naziverbrecher ermittelt hat, habe ich ihm geholfen.", Annas und Joeys Vater. Der Krieg ist ein dunkles Kapitel der Menschheitsgeschichte, das sich keiner ausmalen kann und das so überraschend kommt wie ein Luftangriff. Er zerstört etliche Menschenleben und ist das grausamste, was Menschen planen und ausführen können. Er ist nie zu rechtfertigen und hinterlässt in den Seelen der Menschen Verwundungen, die es kaum heilbar sind. Er zerstört Hoffnungen und Träume und kann die Bildung von Generationen nachhaltig schädigen.

4

Der Krieg in der Ukraine hat sich ausgeweitet. Er war mittlerweile nach Polen ausgebreitet und auf dem Weg nach Deutschland. Eine weitere Coronawelle hielt die Menschen zuhause. Viele leben in großer Angst. Joey und Anna sehen eine Serie auf Netflix. Sie hatten all das beiläufig verfolgt. In Kaiserslautern beispielsweise haben die Amerikaner die Kontrolle übernommen. Sie sind dort schon lange. Seit mehr als 60 Jahren. Nach dem zweiten Weltkrieg sind sie geblieben. Die Militarycommunity umfasst etwa 50.000 Menschen. Das über der Gegend abgelassene Kerosin hat die Menschen lange Zeit schon verärgert. Zudem sind lange Zeit schon viele Menschen in Sorge, weil die Airbase ein strategischer Punkt im Krieg der Amerikaner ist und von dort aus beispielsweise Drohneneinsätze gesteuert werden. Die Amerikaner als Wirtschaftsfaktor sind durchaus makaber. Sie sind ein Wirtschaftsfaktor, ja. Aber der Wirtschaftsfaktor ist der Krieg und Deutschland hat 2018 und 2019 geradezu gebetet, dass die Amerikaner bleiben. Das ist durchaus eine seltsame Taktik.

Anna muss verreisen. Sie ist gezwungen nach Karlsruhe zu ziehen. Ein neues Gesetz trennt die Halbgeschwister. Joey muss nach Berlin und dort in der Flüchtlingshilfe arbeiten. All das kommt Schlag auf Schlag. "Wir sehen uns wieder!", Anna nimmt Joeys Hand. "Ja.", Joey.

Es fallen Bomben auf Deutschland. Es gibt Attentate und Anschläge. Einmal ist Joey in einer Flüchtlingseinrichtung. Da kommen Menschen mit Waffen eingestürmt und treiben sie zusammen. Er vermutet die Täter aus der rechten Szene. Sogenannte Prepper. Er bringt die Kinder in Sicherheit und spielt mit ihnen, bis die Polizei die Täter festnimmt. Ein paar Freunde von Joey sind bei einer solchen Attacke umgebracht worden. Sie stellen sich den rechten Tätern in den Weg, die sich wie eine Privatpolizei organisiert haben und versuchen die Stadt unter ihre Kontrolle zu bringen.

Joey weint oft. Er ruft Anna an. "Alles okay?", Joey, "Ja, ich arbeite im Kindergarten.", Anna. In Karlsruhe ist die Universität lahmgelegt. Sie ist zu einer Hochburg von rechten Preppern geworden, die sich dort aufhalten, in Armeekleidung trinken und über den großen Krieg sprechen. Die Gebäude sind teilweise aufgebrochen worden. "Wie geht es Dir, Joey?", Anna, "Ein paar Prepper terrorisieren uns. "Uns auch.", Anna.

Er trifft Pete. "Hallo Joey.", Anton, "Hallo Anton.", Joey. Pete ist in guter Verfassung. Er hat seine Gitarre dabei und ist auf dem Weg nachhause. Joey geht gerade mit. Sie kaufen ein paar Bier und setzen sich bei Anton hin und Anton spielt etwas auf der Gitarre. "Alles okay?", Joey, "Ja.", Anton. Er wirkt so ruhig. "Weißt Du Joey, ich habe lange Zeit geahnt, dass der Tag kommen wird, an dem wir alles sterben werden. Ich glaube er ist nahe. Ich mache nichts mehr außer Musik, Joey, es geht alles zu Ende.", Pete, "Noch ist es nicht vorbei.", Joey. "Doch. Für Albert und für andere auch. Die Prepper organisieren sich wie damals die Arbeiterpartei und versuchen an die Macht zu kommen. Wir haben etliche Verluste, Joey.", Pete.

Die Gruppe um Joey: Andreas, Ron und Anton tut sich im Untergrund zusammen, um im Kriegsfall mit ihren Leuten zu überleben. Einige Banden von rechtsradikalen Preppern ziehen durch die Straßen und verhaften und entführen teilweise Leute. Der Rechtsstaat, wie er vorher existierte, ist nicht mehr da. Ein paar Mitglieder haben sich verselbstständigt. "Wir gehen erst zu Andreas, dann sehen wir weiter.", Ron.

Sie machen sich auf den Weg. Das Wetter ist schön, es ist bereits wieder Frühling. Ausreisemöglichkeiten gibt es zur Zeit keine. Die Schule hat geschlossen. Es findet ein riesiger Staatsstreich statt. Keiner weiß,

was kommen wird. "Mach mal Musik an.",
Anton. "Geht nicht, der Strom ist aus.",
Ron, "Dann sitzen wir im Dunkeln heute
Nacht.", Andreas. Sie nehmen Batterien
und schalten das Radiogerät ein. Dort
kommen einige Durchsagen: "Der Krieg aus
der Ukraine schwappt über. Waren erst nur
die Lebensmittelpreise betroffen, sind es
nun schon Soldaten und Söldner, die sich in
Deutschland eingefunden haben. Die
weitere Coronawelle hält die Menschen
zudem in Atem.

Wir raten den Bewohnern von
Kaiserslautern und Karlsruhe und Landau,
im Rock-Rhein-Gebiet, die Häuser nicht zu
verlassen und abzuwarten. Weitere
Durchsagen folgen.", der Sprecher. "Okay,
jetzt sind wir geliefert. Bald tauchen die
Nazis auf und bringen uns um. Wir haben
keine Chance hier wegzukommen. Joey und
Anna haben es über einen Job geschafft.
Aber wir haben keinen.", Anton, "Wir
müssen uns jetzt ruhig verhalten.",
Andreas, "Nein, wir müssen
demonstrieren.", Ron.

Sie machen sich auf den Weg in die Innenstadt. Hier patroullieren sogenannte Bürgerwehren. Sie patroullieren durch die Stadt, als gehört sie ihnen. Viele haben ein Leben lang darauf gewartet, dass es einen kriegerischen Konflikt in Deutschland gibt. Plötzlich fallen Schüsse. "Andreas!", Anton rennt zu ihm.

Andreas ist verwundet worden. "Ihr Schweine. Wir haben kaum Ärzte.", Anton versucht ihn zu tragen. Sie schießen auf Anton. "Was habt ihr nur getan! Ihr Monster.", Schüsse fallen auf Ron. Sie liegen verletzt auf der Straße. Wenig später stellen Ärzte ihren Tod fest. Die Täter sind dem rechten Spektrum zuzuordnen. Irgendwann wird man sagen, sie sind im Krieg gefallen.

Joey und Anna weinen um sie, als sie davon erfahren. "Ich hätte es nie gedacht, Anna.", Joey schluchzend, "Ich auch nicht.", Anna. Das Handy von Anna ist tot. Joey ist verzweifelt. - Wie soll ich sie nur finden. Es ist alles so weit weg, wenn es keine Gesellschaft mehr gibt, wie die, in der wir aufgewachsen sind.

Ich selbst weiß nicht, wo wir uns wiedersehen und ob es ein Wiedersehen geben wird. Es ist schrecklich, was passiert ist, was passiert. - er bittet den nächsten Gast herein: Ein Flüchtling aus der Ukraine, der eine Unterkunft suchte. Etliche Hallen sind bereits belegt und die Lebensmittel werden immer knapper.

Plötzlich steht er vor der Gewissheit, was im dritten Reich passiert ist. Die Nazis hatten sich für die Nazis entschieden und alle anderen umgebracht. Er war den Tränen nahe. Unterdessen versucht Anna an ein Handy zu kommen. Ihr Netz ist zusammengebrochen. - Erst Corona und jetzt das. Es bricht alles zusammen. Es wird immer schwerer, an dem alten Leben festzuhalten. Ich habe mich immer gewundert, dass unsere Großeltern so aufregende Geschichten über ihr Leben erzählten und dass sie immer sagten, sie hatten nicht die Wahl. Langsam macht das alles Sinn. - Sie kocht gerade für die Kinder.

Es kam eine Eilmeldung: "Joey, ich habe es von einem Freund erfahren. Anna geht es gut. Aber Andreas, Ron und Anton sind tödlich verwundet worden. Sie gingen zur Ausgangssperre auf die Straße, um zu demonstrieren und sind auf eine Gruppe rechter Prepper getroffen, die sie erschossen haben. Es tut mir so leid.", Uwe, ein Mitarbeiter in der Flüchtlingsunterkunft, der Joey bereits um eine Ecke kennt und Kontakte in seine Heimatstadt pflegt.

"Mein Gott, wann nimmt es ein Ende?", Joey schreit vor Wut und Trauer laut auf. Er ist fassungslos und kann sich nur schwer auf den Beinen halten. "Uwe, ich brauche eine Pause, vertritt mich bitte.", Joey, "Ja.", Uwe geht an den Schreibtisch.

Es ist der erste Verlust im eigenen Freundeskreis. Zurückzuführen auf Nazis, die versuchen eine Stadt unter Kontrolle zu bringen. Es wird wohl nur eine kleine Beerdigung geben. Und er kann nicht hin, weil die Gesellschaft nicht funktioniert.

- Wie sehr ich die Nazis hasse. Diese Monster. Wie konnten sie sie nur umbringen. Das waren meine besten Freunde. Ich kannte sie aus der Schule. Wie kann man sowas nur tun. Diese Monster. - er ist am Weinen. Hält sich schluchzend die Hände vors Gesicht.

Es ist ein schrecklicher Tag. "Joey?", Uwe, "Du kannst zur Beerdigung, ich habe es organisiert.", "Danke.", Joey fiel ihm schluchzend in die Arme.

5.

Es ist ein weiterer Tag vergangen, als die Sirenen der Städte angehen. Es vibriert förmlich der Boden. Über den Städten fliegen Flotten ausländischer Flugzeuge.

Die Amerikaner haben Deutschland eingenommen, nachdem das Chaos überhandgenommen hat. "Sie sind da.", Joey spricht mit Anna, sie haben sich über Marc wieder verbinden können. "Jetzt geht alles einen anderen Weg. Ich bin mir sicher, es wird wieder.", Joey ist euphorisch. "Ja, Joey!", Anna.

Die Amerikaner patroullieren durch die Stadt. Sie sehen nach den Läden. Stehen am Straßenrand. Geben eine Militärparade nach der anderen. Sind schwer bewaffnet. Nehmen Prepper fest. Sorgen für Sicherheit in der Bevölkerung. Kümmern sich um die Kinder, die neugierig zu ihnen laufen. Es war das Ende eines Krieges, der schreckliche Opfer gefordert hat.

"Der Krieg in der Ukraine ist beendet. Russland hat die Ukraine eingenommen. Verhandlungen um die Territorialrechte beginnen.", der Radiosprecher. Joey und Anna treffen sich in Kaiserslautern.

Die Stadt ist verschont geblieben. Es gibt kaum Zerstörung. Aber der Krieg hat alles mitgenommen. Die Amerikaner bleiben in der Gegend. Ramstein Airbase existiert weiter. "Hallo!", "Hi!", sie fallen sich in die Arme. "Ein Glück, dass Dir nichts passiert ist.", Joey, "Dir zum Glück auch nicht.", Anna. Wie es jetzt weitergehen würde, bleibt noch abzuwarten. Die Staatssicherheit war erstmal wieder hergestellt.

Jeden Tag konnte es aber wieder anfangen. Das wissen sie jetzt. Auch, wie es damals gewesen sein musste. Als der Krieg in Deutschland beendet wurde. Es ist ein stets Ringen um Glück, das sie begleitete. "Wir sind in Sicherheit.", Anna, "Ja.", Joey. In der Presse wird berichtet, dass einige Länder den Holocaust relativiert haben. "Mein Gott. Wie konnte das nur geschehen.", Joey, "Deutschland und sein Vorbild?", Anna, sie sind schockiert.

Die rechten Strömungen sind immer wieder der Anfang des Krieges. Nicht einer Politik. Sondern des Krieges. Das wissen sie. Einige Tage später fällt in England die Atombombe.

"Ich habe nur 70% Heilungschance.", ein kleiner Junge liegt im Kinderonkologie und spricht mit seinem Bettnachbarn. Die Eltern sind dabei. "Was nützen schon Zahlen.", der andere. "Das hier wünsche ich wirklich niemandem.", der erste erneut. "Ich auch nicht.", der andere.